Lorem ipsum dolor sit amet, consectetur

SEEMA KATARIA SAVI

GANGA

By the author of
"Words in Bloom: Blossoms of Poetry"

BlueRose ONE .com
Stories Matter
NewDelhi • London

BLUEROSE PUBLISHERS
India | U.K.

Copyright © Seema Kataria "Savi" 2024

All rights reserved by author. No part of this publication may be reproduced, stored in a retrieval system or transmitted in any form or by any means, electronic, mechanical, photocopying, recording or otherwise, without the prior permission of the author. Although every precaution has been taken to verify the accuracy of the information contained herein, the publisher assumes no responsibility for any errors or omissions. No liability is assumed for damages that may result from the use of information contained within.

BlueRose Publishers takes no responsibility for any damages, losses, or liabilities that may arise from the use or misuse of the information, products, or services provided in this publication.

For permissions requests or inquiries regarding this publication, please contact:

BLUEROSE PUBLISHERS
www.BlueRoseONE.com
info@bluerosepublishers.com
+91 8882 898 898
+4407342408967

ISBN: 978-93-6783-862-4

Cover design: Shivam
Typesetting: Namrata Saini

First Edition: December 2024

प्रेम की धारा के अनेक पड़ाव है
ठहरें मन में बहीं जो गंगा नाम है
बिखरें जीवन में ख़ुशबू समान है
टूटकर गिरें तो बादल नाम है
मुस्कुराए तो उगता सूरज का काम है
ढले शाम को गर्मी छिपाता तमाम है
प्रेम की धारा के अनेक पड़ाव है
"सीमा कटारिया" सवि

Love has many stages in its flow.
It is referred as a ganga if it flows within a still mind.
It resembles an aroma in a scattered life.
It is referred as a cloud if it falls after breaking.
It is the result of the rising sun if it smiles.
In the evening, it conceals all of the heat.
Love has many stages in its flow.
"Seema Kataria" Savi

****

मन का एक सिरा
हिमालय सा अडिग है
और दूसरे सिरे से
ख़्वाहिशों की गंगा बहतीं है
कहीं भी जुड़कर
कहीं पे रहकर
प्रेम बाटकर
मीठी धुन कहती है
"सीमा कटारिया" सवि

one corner of the consciousness is
as steadfast as the Himalayas
and from the other corner
Ganga of desires flows
by connecting anywhere
staying somewhere
by sharing love
Says the appealing melody
"Seema Kataria" Savi

****

नदियाँ, झरने, नहरें और ठहरें तालाब
जानें कहाँ-कहाँ मिलता है गंगा का हिसाब
सब कुछ होने से कुछ भी नहीं होने की किताब
सफ़र गंगा का ज़िंदगी की खुली हुई किताब
"सीमा कटारिया" सवि

Rivers, waterfalls, canals, and stagnant ponds
I'm not sure where the computation of Ganga is found.
The book from being everything to nothing
Journey of Ganga is a lively open book.
"Seema Kataria" Savi

****

अनुभवी किनारे है
सदियों से ताकते बेचारे है
ख़्वाबों की गंगा है
जीवन का रंग बूँदों में रंगा है
हक़ीक़त के मौसम है
बदलते रहते हैं
निरंतरता स्वभाव है
सफ़र ही मुक़ाम है
कितने भी रंग-रूप ले
गंगा नाम है
"सीमा कटारिया" सवि

experienced shore have been waiting for centuries
it's a ganga of dreams;
life's color is portrayed in drops;
it's the season of reality
Which keeps changing
nature is continuous;
the journey is the destination
it can take many different forms;
Ganga is the name
"Seema Kataria" Savi

****

आओं कुछ प्रेम की बातें करे
कुछ शिव से मुलाक़ाते करें
इबादत की बात कुछ और है
हक़ीक़त में गंगा का शोर है
धरा पे बहती नदी
स्वर्ग में उसकी रूहानी डोर है
"सीमा कटारिया" सवि

Let's meet Shiva to talk about love.
Prayer has an additional quality.
In reality, it's the sound of the Ganga River flowing on the earth.
Heaven is her spiritual home.
"Seema Kataria" Savi

****

नदी है
एक सभ्यता है
जीवन का आधार है
पाप-पुण्य का व्यवहार है
प्रयाग का बोध है
सफ़र का शोध है
किवदंतियाँ की फसल है
तप और यात्रा का फल है
जीवन की हलचल है
हर उलझन में सरल है
"सीमा कटारिया" सवि

The Ganga River is a civilization.
It is the cornerstone of life
It is virtuous and immoral behaviour.
It is a sense of prayer
Its research of travel research
It is a harvest of myths.
is the result of a journey and penance.
It is the daily commotion;
Every complexity in it is clear.
"Seema Kataria" Savi

****

हम हर बात पे शंका उठाएँ
शिकायतों की दुनिया ख़ुद में बसायें
अपनी दुनिया की दलदल में
ख़ुद ही फँस जाये
दूसरी और
हमें गंगा माँ नज़र आती है
निरंतरता का सफ़र
मिलने-बिछुड़ने से बेख़बर
जीवन को गुनगुनाती है
जाह्नवी माँ गंगा जीवन देती जाती है
"सीमा कटारिया" सवि

We question everything.
Make a universe of grievances inside of oneself.
Become mired in your own personal quagmire
On the other hand, we see Mother Ganga's sustainable voyage,
She brings joy to life, oblivious to the meeting and separating.
Jhanvi Maa Ganga continues to give life
"Seema Kataria" Savi

****

भागीरथी की पावन धारा
मंदाकिनी का नज़ारा
अलकंदा का किनारा
कभी रुद्रप्रयाग
कभी देवप्रयाग के मिलन का नज़ारा
लो बन गयीं गंगा की धारा
"सीमा कटारिया" सवि

holy stream of bhagirathi
View of Mandakini
Edge of alakanda
Sometime Rudraprayag
Sometime, the sight of Devprayag's union
Here it became a stream of Ganga
"Seema Kataria" Savi

****

मन की मौजों के मेले बनकर यात्री लहरों पे खेले
कुछ मनोरंजन कुछ हक़ीक़त के ठेलें
ऋषिकेश में साधु अलबेले
सतरंगी-अतरंगी जीवन के झमेले
कभी सुकून की प्यास
कभी माया ख़ुद को धकेले
"सीमा कटारिया" सवि

As a fair of mental pleasures, travelers played on the waves.
A few reality carts and some amusement
In Rishikesh, saints are self-willed
Vibrant and vivid problems in life,
sometimes yearning for tranquilly
sometimes charlatanry pushes herself
"Seema Kataria" Savi

****

अमृत की प्यास
जीवन से आस
हर की पौड़ी में एक डुबकी बिंदास
कुछ आधुनिकतावाद
कुछ रहस्यवाद
जीवन-मृत्यु का
हक़ीक़तवाद
हर की पैड़ी पे डुबकी बिंदास
"सीमा कटारिया" सवि

A longing for nectar
Hope for life
A carefree dive in Hari's Pauri
A little modernism
A little mysticism
Realism of life and death
A carefree dive in Hari's Pauri
"Seema Kataria" Savi

****

मन की मान्यताएँ

मन के भूत

गंगा नहाना है

दूर नहीं जाना है

गड़-गंगा से रिश्ता पुराना है

मन को समझाना है

एक लकीर बनाकर

उसी डर्रे में जीवन बिताना है

"सीमा कटारिया" सवि

Beliefs in the mind
Ghosts in the mind
Desire to bathe in the Ganga
Need not travel far
The bond with Gad-Ganga is a centuries-old.
I need to persuade my thoughts.
Drawing a line I have bound to stay in the same trap
throughout my life.
"Seema Kataria" Savi

****

कितने बसंत
कितने पतझड़ की साक्षी
कितने शहर
कितने खंडहरों को ताकती
कभी ठहरती
कभी लय में भागती
सपनों में सोतीं
हक़ीक़त में जागती
अपना अमृत जल
जीवन बनाकर बाटती
माँ गंगा कभी
अपना-पराया नहीं छाँटती
"सीमा कटारिया" सवि

Several springs bear witness to several falls.
How many cities? Observing the numerous ruins
sometimes stops,
sometimes runs in rhythm
sleeps in dreams,
awakens to reality
makes her life-giving nectar water and shares it
Mother Ganga never sort out one's own and another's
"Seema Kataria" Savi

****

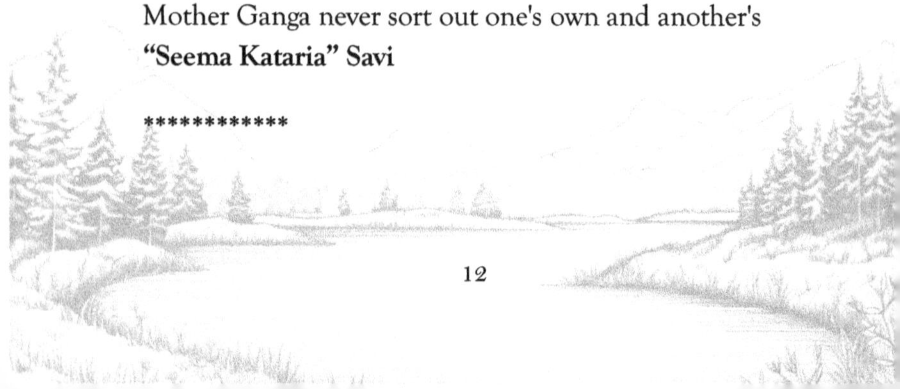

संगम और प्रेम का पर्याय
गंगा कहलाना है
डुबकी लगाना
द्वत्त मिटाना है
शिव-शक्ति सा
पूर्णता पाना है
जीवन के खेल में
राही बन चले जाना है
संगम और प्रेम का पर्याय
गंगा कहलाना है
"सीमा कटारिया" सवि

The synonym of confluence and love,
to be called Ganga,
means to dip and erase duality.
It is similar to achieving perfection like Shiv-Shakti
I have to go as a traveller in the game of life.
The synonym of confluence and love,
to be called Ganga,
"Seema Kataria" Savi

****

जीतें जी गंगा ना नहाया
दुनिया में क्या करने आया
आँख से प्रेम के अश्क़ ना छलकाया
पत्थर हृदय कैसे धड़काया
कुछ दुनियावीं कागच-पत्थर के पीछें
जीवन अपना व्यर्थ गवायां
अंत समय में पछताकर
लौटे में भर गंगा आया
"सीमा कटारिया" सवि

Even being alive if you've never bathed in the Ganga?
Why did you end up here on Earth?
If love-filled tears would not fall from eyes,
how would a stone-heart beat?
You wasted your life behind some
worldly papers and stones.
Repenting At the end,
you returned with a full Ganga.
"Seema Kataria" Savi

****

वो स्वर्ग से उतरी है किवदंतियाँ की परी है or पूर्णता से भरी है
सफ़र उसका देखकर कुछ सीख तुझें भी मिली है
गंगा नदी बनकर वरदान हमारे लिए बनी है
“सीमा कटारिया” सवि

She is the fairy of fables,
having descended from heaven,
and she is flawless.
Seeing her journey has taught you something, too.
We today consider the Ganga river to be a blessing.
“Seema Kataria” Savi

****

Bhagirathi

गंगा हमारे लिए जीवन दायनी नदी मात्र नहीं
ये एक आस्था की धारा है
जीवन का किनारा है
मुक्ति दायनी है
भव तारनी है
संगम का संसार है
गंगा सागर एक सार है
"सीमा कटारिया" सवि

Ganga is more than just a river that supports our lives.
She is a stream of faith
She is the brink of life;
She symbolises liberation.
She is magnificent
She is a world of confluence
Ganga Sagar is an epitome
"Seema Kataria" Savi

****

सूर्य की पहली किरण का अवतार है
सूर्य कुंड में बसता गंगा का सार है
निकली जो गौमुख से लहराती चली है
भोजबासा में थोड़ी ठहरती लगी है
चिरबासा में चमक नयी मिलीं है
गंगोत्री में आस्था केंद्र बनी है
तब जाकर सूर्य कुंड में गिरी है
सूर्य कुंड में माँ गंगा ऋषियों की तपस्थली है
"सीमा कटारिया" सवि

She is the incarnation of the first ray of the sun
The Surya Kund holds the divinity of Ganga.
The one that emerged waving from the cow's mouth
She Stayed for a while in Bhojbasa.
She Shined Brighter in Chirbasa
She became Faith center in Gangotri
Then She fall into the Surya Kund
In Surya Kund, Mother Ganga is the place of sages' penance.
"Seema Kataria" Savi

****

गहराई लेती माँ गंगा पाताल में बहती लगी है
सुंदरता का सारा रूप लेकर हार्सिल की सुंदरी लगी है
इतनी धाराओं को समेटे बाहे फैलाती माँ गंगा
झरनों के संग गुनगुनाने लगी है
ऊँचे पहाड़ों की लाड़ली प्रेम और ज्ञान की धनी है
चाँदी से चमकतीं गंगा देखों लहराती चली है
"सीमा कटारिया" सवि

Mother Ganga is beginning to flow into the underworld and is becoming more profound.
Harsil's beauty is evident in all of its forms.
Mother Ganga opens her arms to embrace an immense number of streams, and the sound of the waterfalls has begun to hum.
The darling of the high mountains is rich in love and wisdom
Look at the Ganga, flowing and gleaming like silver.
"Seema Kataria" Savi

गंगा माँ सी है जीवन की धारा
वक्त का निरंतर बहाव
कटता जाता उम्र का किनारा
ख्यालों सी लगती
लहराती चलती
बर्फ की ऊँची चोटियाँ
पहाड़ी बोलियाँ
ख़ुद को टटोलती
तलहटी के पत्थरों से बोलती
आगे बड़ने की राह खोलती
जीवन की धारा
स्वर्ग सा नजारा
गंगा का किनारा
"सीमा कटारिया" सवि

Mother Ganga is comparable to life's stream, the
unceasing passage of time, and the vanishing edge of age
appears to be thoughts
wavering motion
peaks of snow
Pahari dialects
groping herself
speaking to the stones of the foothills
creates a pathway that leads to the heavenly vista of the
Ganga River and the stream of life.
"Seema Kataria" Savi

****

भगीरथ के तप से उतरीं है
शंकर की जटाओं से गिरी है
बर्फ से बनी है
भागीरथी कही है
प्रकृति की गोद में है
तप के प्रमोद में है
गहरा संसार है
मुक्ति का सार है
नीले -हरे रंग का प्यार है
जीवन का भंडार है
हा हमे भागीरथी से प्यार है
"सीमा कटारिया" सवि

She appeared from Bhagiratha's penance.
She flows from Shankar's hair
She is composed of ice.
Bhagirathi Says
She is surrounded by nature.
She is in the ecstasy of penance
She is a deep world
She is the essence of liberation
She is love of blue green
She is life's repository
yes we love bhagirathi
"Seema Kataria" Savi

****

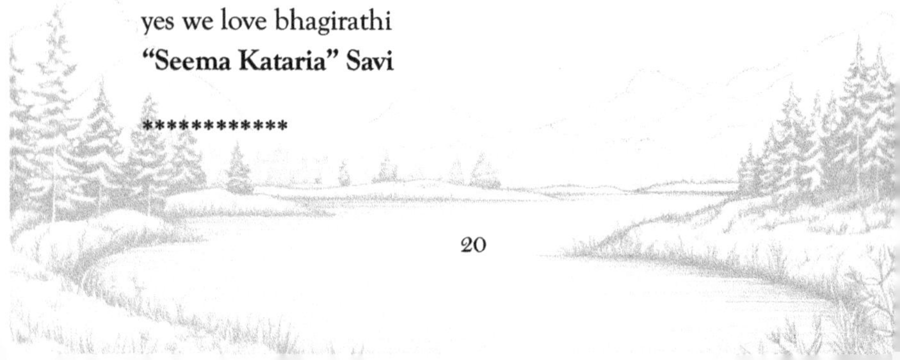

मासूम बच्चे सी थोड़ी लड़खड़ाती है
जीवन और संसार में तालमेल बिठाती है
अजनबी पहाड़ों में अपनापन भर जाती है
कुछ शोर, चारों ओर फिर भी शांत नज़र आती है
अनजाने जीवों में जीवन भर जाती है
बर्फ और हरियाली संगम बन जाती है
मासूम बच्चे सी माँ गंगा अपने पदचिह्न बिछाती है
"सीमा कटारिया" सवि

She stumbles a bit, like an innocent child.
She brings balance between the world and life.
She fills Strange Mountains with Affinity.
Some noise, still looks quiet all around
She gives life to creatures
snow and greenery merge
Mother Ganga Traces her footprints like an innocent child.
"Seema Kataria" Savi

****

ऊँची हस्तियों में, पहाड़ों की बस्तियों में
नये रास्ते बनाना, अपनी हस्ती में
जीवन की मस्तीं में, चलते चले जाना
ऊर्जा का भंडार, जीवन अपरंपार
संतुलन बिठाना, गंगा सिखाती है आगे बड़ते जाना
"सीमा कटारिया" सवि

High altitudes and mountainous regions
We must forge new routes for us to take in existence.
We must continue to enjoy life.
The Ganga is a reservoir of vitality; life is nonconformist.
Ganga encourages us to continue moving in order to keep our equilibrium.
"Seema Kataria" Savi

****

प्रकृति ही ऐसी है शृंगार करती है
ज़िंदगी जीने हेतु बंधन स्वीकार करती है
कभी बांध ओर कभी पहाड़ों के बीच
कुछ पल ठहरती है गंगा का धीरे-धीरे
उत्तरकाशी की ओर बढ़ती है
"सीमा कटारिया" सवि

She's always been eager to beautify herself.
She chooses to live in servitude.
Sometimes between the dam and sometimes between the mountains
Ganga stays for a short while and travels in the direction of Uttarkashi
"Seema Kataria" Savi

****

माँ का हाथ थामे बच्चा इठलाता चलता है
कुछ आवाज़े ओर कुछ कदम धरता है
क़ुदरत के आँगन में बचपन जीवन चुनता है
कुछ ऐसा नजारा हमें गंगा माँ का दिखाता है

A child strolls while holding his mother's hand.
Makes some noises and takes some steps
Childhood chooses life in the courtyard of nature.
We are shown such a glimpse by Mother Ganga.

****

हक़ीक़त की ठोकरें ही जीवन तय करती है
पत्थरों की चट्टानें माँ गंगा को गोद में भरती है
जीने की चाह रास्ते बनाती है
गंगा की धारा ये प्रत्यक्ष बताती है
कदमों की रफ़्तार अपनों से हाथ छुड़ाती है
बर्फ की चोटियों को माँ पीछे छोड़ आती है
थोड़ा सुकून और जीवन की चाह धारा को फैलाती है
उत्तरकाशी में गंगा माँ उसी अन्दाज़ में मिल जाती है
"सीमा कटारिया" सवि

Life is determined only by the blunders of reality.
Rocks of stones fill Mother Ganga in their lap
The will to live makes the way of life...
The Stream of Ganga makes this clear
Steps move quickly and separate us from those we love.
The snowy summits are left behind by Mother.
The stream expanded with a little peace and a yearning for life.
In Uttarkashi, Mother Ganga is found in the same way.
"Seema Kataria" Savi

****

Mandakini

मन मंदाकिनी की तपस्थली केदारनाथ कहलाती है
हिमालय की ये बेटी पावन धारा बन जाती है
जन-जन की भीड़ पैदल चली आती है
लंबी ऊँची यात्रा हिमालय की गोद में बिठाती है
"सीमा कटारिया" सवि

The penance place of Man Mandakini is called Kedarnath.
The Himalayan daughter turns into a sacred stream.
Crowds of people walk on foot
A long, high journey makes one sit in the lap of the Himalayas
"Seema Kataria" Savi

****

मृत्यु जहाँ मेहमान है भय यजमान है
मन को विश्राम है केदारनाथ धाम है
मुक्ति का आह्वान है जीवन शिव के नाम है
इच्छाओं का श्मशान है केदारनाथ धाम है
मन मंदिर पांडवों के नाम है तपस्थली विशाल है
पंच-केदार पापों का काल है केदारनाथ धाम है
"सीमा कटारिया" सवि

When death pays a visit, fear is the host.
The thoughts are calm. Kedarnath is a divine abode (Dham).
Life is a call for liberation; it is in the name of Shiva.
Kedarnath Dham is the crematorium of desires.
The mind temple is in the name of Pandavas, and the place of penance is extremely vast.
Panch-Kedar is the era of sins; Kedarnath is a divine abode.
"Seema Kataria" Savi

****

यात्रा है तो थोड़ी थकान भी है
गौरीकुंड में तपतकुण्ड स्नान भी है
माँ के चरणो में आस्था है
हर मुश्किल का निकलता रास्ता है
मसान वासी की शक्ति है
कुछ उम्मीदों की बस्ती है
कल-कल कर मंदाकिनी बह रही है
मुसाफ़िर है सभी कह रही है

There will be some exhaustion if there is a journey,
Gaurikund also has a Tapatkund bath.
A mother's feet can inspire trust, and there is always a way out of difficulties.
Masan is a place of some hope; it is the strength of the people.
Mandakini is flowing and she is a traveler

****

ऊँचे पहाड़ों से सूरज की किरणे झाँख रही है
बहती धारा को ताक रही है
कुछ पेड़ों की टहनियाँ ख़ुद को झुकायें है
धारा के लिये आलिंगन फैलाए है
पक्षियों का कलरव सुनाई देता है
प्रेम गीत कोई मंदाकिनी से कहता है
कभी साफ़ कभी धुंधला नज़ारा है
रामबन पड़ाव थकान मिटाने का सहारा है
"सीमा कटारिया" सवि

The ray of sunlight is shining through the high mountains and illuminating the bubbling brook.
The branches of some trees lean out and embrace the stream.
Someone sings a love song to Mandakini when birds are chirping.
The view is sometimes clear and sometimes blurry.
Panacea stop relieves weariness.
"Seema Kataria" Savi

****

बादल भी मिलने को नीचे चले आते है
आसमाँ भी प्रेम में झुक जाते है
अभी उजाला अभी अंधेरा
रात में भी सफ़ेद हिमालय संग डेरा
चित्रकार भी स्तब्ध खड़े आते है
बाबा के दर पे दृश्य यूँ बदलते जाते है
अपना प्रेम सभी जतलातें है
बरसते है जो बादल झरना बन जाते है
"सीमा कटारिया" सवि

Even the clouds descend to greet her.
Even the sky itself bows in love.
In a matter of seconds, things changed from being light to dark.
Even at night, camp amid the snow-capped Himalayas
Even painters stand stunned
This is how scenes shift at Baba's door.
Everyone expresses their affection.
When it rains, the clouds turn into waterfalls.
"Seema Kataria" Savi

****

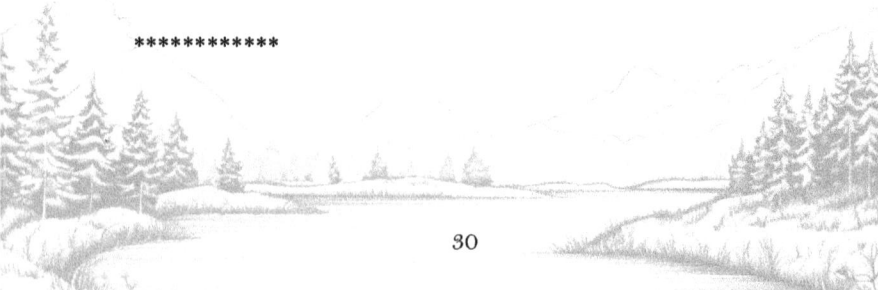

ऊँचे खड़े पहाड़ रोशनी में नहाए है
खुले आसमाँ तले हवाएँ मधुर गीत गाएँ है
ठंडी हवाएँ कुछ संदेशे सुनाये है
खूशनुमा मौसम ख़ूबसूरती समझायें है
प्रार्थनाओं में जुड़े हाथ जीवन को सार्थक दिखलाते है
बहती मंदाकिनी संग नैन भी बहते जाते है
“सीमा कटारिया” सवि

The lofty mountains gleam with light.
Under the wide sky, the winds sing lovely melodies.
The chilly winds convey certain messages
The attractiveness is explained by the nice weather.
Life is significant when hands are united in prayer.
The eyes continue to flow in tandem with the galaxy.
“Seema Kataria” Savi

****

सूरज की चमक से चेहरा दमकता है
हृदय यहाँ बहुत शोर करता है
जन्म-मरण खेल सा लगता है
जब दिल अपनी धड़कने सुनता है
हवा के झोखें खुश्की समाये है
बहती मंदाकिनी दूध सी नज़र आये है
मन को अचानक एक ठोकर नज़र आती है
सफ़र अभी बाक़ी है मंदाकिनी समझाती है
"सीमा कटारिया" सवि

Sunshine makes the face glow.
This is where the heart sounds loudest.
Birth and death seem like a game
Once the heart hears its own beat
The air is arid and breezy.
The flowing mandakini has a milky appearance.
Suddenly, the mind recognises a stumbling block
Mandakini emphasises that the voyage is not yet complete.
"Seema Kataria" Savi

****

कहाँ जाना है कहाँ की यात्रा है
परिंदों सा जीवन सहजता माँगता है
माँ मंदाकिनी अभी भी चले जा रही है
सभी सफ़र में हमे दिखला रही है
अजनबियों से भी एक रिश्ता है
पहाड़ों पे जाकर हमें मालूम पड़ता है
कोई भी यहाँ ठहर नहीं पाता है
अजनबी सा सफ़र चलता जाता है
"सीमा कटारिया" सवि

Where to travel and where to go
Life like a bird demands spontaneity.
Mother Mandakini continues her existence.
She is demonstrating for us on each journey.
There is a relationship even with strangers
By visiting the mountains, we learn this.
This place is not for anyone to stay.
The voyage carries on as if it were unfamiliar.
"Seema Kataria" Savi

****

सच सभी का अलग नज़र आता है
भूखे को भोजन
ग़रीब को पैसा
यात्री को यात्रा
सच ये कैसा
मंदाकिनी का सच हालत में ढल रहा हैं
फिर एक बांध गुप्तकाशी में बन रहा है
जीवन जीने को साधन भी ज़रूरी है
प्रकृति में सेंध लगाना मानव की मजबूरी है
धारा अब सिमटती जा रही है
फिर भी सफ़र खूबसूरत है
मंदाकिनी गा रही है
"सीमा कटारिया" सवि

Everybody's interpretation of truth is different.
food to the hungry
money to the poor
Travel to traveler
how is the truth
Mandakini's actual condition is deteriorating.
Again a dam is being built in Guptkashi
Resources are also required for survival;
It is man's compulsion to destroy nature.
the stream is now shrinking
Still the journey is beautiful
Mandakini is singing
"Seema Kataria" Savi

****

बहाव भी है बदलाव भी है
हिमालय से लगाव भी है
फिर भी जन्मभूमि छोड़ें जा रही है
हरियाली में गाती शिलाओं पे इठलातीं है
कभी वेग लिए कभी मध्यम हो जाती है
रुद्रप्रयाग की और दौड़ी चली जा रही है
"सीमा कटारिया" सवि

There is flow and there is change
She is also fond of the Himalayas.
Still she leaving the birthplace
Singing in the greenery, swinging on the rocks
She can go from being fast to moderate at different times.
She is Flowing towards Rudraprayag
"Seema Kataria" Savi

****

Alaknanda

प्रेम संग ज्ञान
आनंद का स्नान
सरस्वती की झलक
माँ अलकनंदा की महक
वेद व्यास के तप का रास्ता चमकते दिनकर का वास्ता
भीम के बल की शिला स्वर्ग का रास्ता मिला
"सीमा कटारिया" सवि

wisdom in a loving,
bath of joy
A glimpse of Saraswati
Fragrance of Mother Alaknanda
The path of penance of Ved Vyas and the relation of
Shining Dinkar
The path to paradise was discovered by the stone of
Bhima's might.
"Seema Kataria" Savi

****

हिम शिखरों का समंदर
सिद्ध -मुनि- योगियों का वंदन
शीतल हवाओं का चंदन
बद्रीनाथ धाम के अंदर
अलकनंदा करती अभिनंदन तपस्थली हिमालय का संदल
आस्था के सैलाब में मंगल
नर-नारायण के मध्य का मंजर ko अलकनंदा करती अभिनंदन
"सीमा कटारिया" सवि

sea of snow-capped peaks
Salutation to Siddha-Muni-Yogis
sandalwood of cool winds
Inside badrinath dham
Alaknanda greets the sandal of the ascetic Himalayas
Mars with a wave of faith
Alaknanda praising the scene that involves Nar and Narayan
"Seema Kataria" Savi

****

ये चमक
ये दमक
ये हवाओं में महक
ये प्रेम
ये आस्था
अलकनंदा का रास्ता
ये जाने-पहचाने
ये रास्ते कट जाने
अलकनंदा के बहाव में मिल जाने
ये योग-ध्यान
ये अनुष्ठान-अनुसंधान
अलकनंदा में संगम तू जान
ये गाती -मुस्कुराती
ये पवन इठलातीं
अलकनंदा को छूकर जो आती
बद्रीनाथ की छटा बिखरती
"सीमा कटारिया" सवि

This brightness,
This luminosity
This smell permeating the air
This love
This faith
Alaknanda route
These well-known pathways ought to be cut and merged into the Alaknanda river.
This meditation and yoga
This study of rituals
Sangam in Alaknanda
As soon as the breeze touches Alaknanda, she begins to sing and smile.
The beauty of Badrinath is shattered
"Seema Kataria" Savi

****

क्षण भर का जीवन लंबा सफ़र है
दुर्गम रास्तों से अलकनंदा की डगर है
जो साथ है वो पल है शेष निष्फल है
बीच सफ़र में अपनों का हाथ थाम
विष्णु प्रयाग में धौली-गंगा और
अलकनंदा के संगम को प्रणाम
चलते हुए कब साथ छूट जाए
कठिन रास्तों में कब तन रूठ जाये
फिर भी चलने पे हो ध्यान
अलकनंदा के सफ़र को प्रणाम
"सीमा कटारिया" सवि

Life at a moment is a journey.
The routes leading to Alaknanda are inaccessible.
The one who is by your side is the moment; everything else is meaningless.
Throughout the journey, hold the hands of those you love.
Dhauli-Ganga in Vishnu Prayag and the Alaknanda confluence are worshipped.
When walking, we never know when we'll lose ourselves.
We're uncertain when our bodies will tire out on challenging journeys.
However, we must continue to focus on walking in pay tribute to Alaknanda's journey.
"Seema Kataria" Savi

****

मुश्किलें मन की है
तू चल तो सही
रास्ते बन जाएँगे तू घर से निकल तो सही
हिमालय की अलकनंदा कैसे बनी गंगा
पहचान तो सही नंदप्रयाग हो या कर्णप्रयाग
अपनों का दामन थाम तो सही
तू दूर का मुसाफ़िर है
अपनी क्षमताओं को पहचान तो सही
"सीमा कटारिया" सवि

the problems are of the mind
you better continue to walk
paths will be made
you better get out of the house
How did the Himalayan Alaknanda become the Ganga?
The correct identity should be Nandprayag or Karnaprayag.
It is better to hold the arms of your loved ones
you are a traveler from far away
Recognize your abilities
"Seema Kataria" Savi

****

पावन गोद में शरण पाई हो जाने कितने बीते जन्मों की दुहाई हो
चलते-चलते मंदाकिनी अलकनंदा की गोद में समाई हो
रुद्रप्रयाग सा संगम पाकर अलकनंदा ने बाहें फैलाई हो
ऊँचे पहाड़ों को काटती दौड़ती आती अलकनंदा अब थोड़ी सुस्ताई हो
श्रीनगर और धारी देवी की आस्था में अब जनकल्याण के रूप में आई हो
"सीमा कटारिया" सवि

She wonders how many past lives had crossed her mind after finding solace on the hallowed lap.
Mandakini lies in Alaknanda's lap as she wanders.
Alaknanda has extended her arms after meeting the confluence like Rudraprayag.
Alaknanda dashes across the high mountains,
Srinagar and Dhari Devi have now come under the faith in the form of public welfare.
"Seema Kataria" Savi

****

हरि-भरी वादियों को मानव सभ्यता पहचान रही है
विकास की दौड़, पुलो से घाटियाँ जोड़
खुले आसमान के तले, सूरज की किरने बोल रही है
कुदरत और मानव मन का संतुलन, अलकनंदा तोल रही है
सफ़र लंबा है अभी चलती हुई बोल रही है
"सीमा कटारिया" सवि

Human civilization is recognizing the lush green valleys
Development race, building bridges to connect valleys
Sunlight speaks beneath the broad sky.
Alaknanda involves reconciling the needs of the natural world and the human intellect.
She remarks as she wanders along that the journey is long.
"Seema Kataria" Savi

****

सफ़र में सुकून है, गति है, चलना है
जीवन के हालतों में ढलना है
अपना भरोसा लिए कही दूर निकलना है
अपने पैरो के भरोसें सफ़र पे चलना है
अलकनंदा बता रही है
"सीमा कटारिया" सवि

Alaknanda says
There is peace in the journey; there is speed in the journey.
You have to adapt to life's circumstances.
With your faith, you have to go somewhere far away, and you have to travel on your own.
"Seema Kataria" Savi

****

पिंजरे में क़ैद है गुलामी से बचातें है
पंख काटकर बैठे है किसी के घर नहीं जाते है
और एक अलकनंदा है दौड़ी जा रही है
इंसानों की बस्ती में भी अपनी हस्ती दिखला रही है
आस -पास की भिन्नता असर नहीं आ रही है
ख़्वाबों और हक़ीक़त की खाइयाँ मिटती जा रही है
"सीमा कटारिया" सवि

A caged prisoner who was rescued from slavery
They do not visit anyone's home; instead, they are sitting with their wings clipped.
And Alaknanda is sprinting.
illustrating that it exists even in human settlements
The variance in the surroundings has no impact.
Dreams and reality are becoming closer.
"Seema Kataria" Savi

****

सभी की अपनी हस्ती है, अपने याराने है, अपनी धुन है, अपने तराने है
फिर भी किसी मौड पे अपनों से मिल जाना है
अपनी हस्ती को उसी में मिलाना है
देव-प्रयाग में भागीरथी-अलकनंदा का गंगा हो जाना है
धीर-धीरे मैं और तुम का हम हो जाना है
कैसी हक़ीक़त है बस इतना फ़साना है
“सीमा कटारिया” सवि

Everybody has a unique personality, friendship tune, and repertoire of songs.
Nevertheless, they will eventually have to meet their loved ones.
they have to merge their personality into that.
Bhagirathi-Alaknanda will become Ganga in Dev-Prayag.
Slowly you and I will become we.
What kind of reality is this? It's just an illusion.
“Seema Kataria” Savi

****

Ganga

शब्दों की कमी समझ की नमी
ख़ुद में समेटे गंगा चली
हिमालय की नमी से धारा पे हल्की धुँध बनती मिटती है
या फिर
ऊँचे पहाड़ों के यादों की धुँध
गंगा संग चलती है पेड़ों की परछाई
बहती धारा में झलकती है
कठोर पहाड़ों से निकल गंगा
अब कठोर हक़ीक़तों से मिलती है
"सीमा कटारिया" सवि

Absence of words, raw comprehension
Ganga walked alone.
The rawness of the Himalayas causes a light mist to
gather on the stream, which then vanishes
or else
possibly haze from memories of tall mountains
Along the Ganga, the tree shadows move.
mirrored in the stream that is flowing.
Ganga emerges from the stern mountains.
Now she faces harsh realities
"Seema Kataria" Savi

****

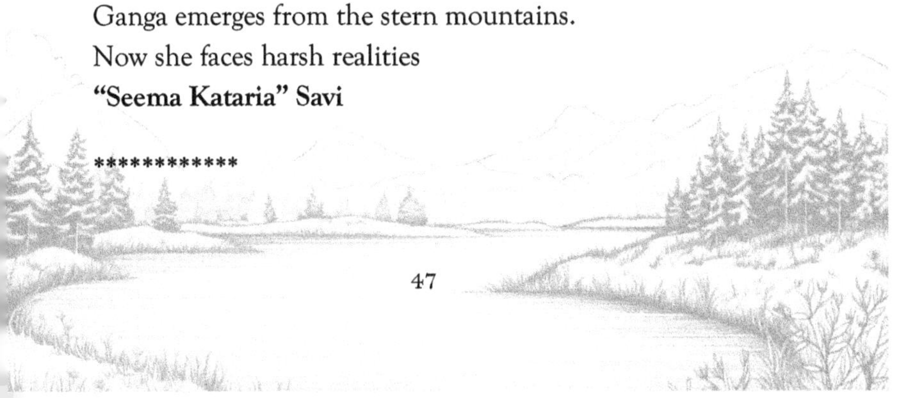

कोडियाला में गंगा अनोखी सुंदरता भरती है
हल्का होने के लिए सुकून में खोने के लिए
धड़कने अपनी सुनो शिशु से हल्के चलों
किनारे की चाँदी सी रेती से मिलों
अहसास सुकून ख़ुद में भरों
बेगाना पन छोड़कर कभी ज़िंदगी से मिलों
आँखो के नूर बनकर सफ़र गंगा सा करों
"सीमा कटारिया" सवि

Ganga showers Kodiyala with a unique beauty.
To be light and to go lost in solitude
Pay attention to your heartbeat and move like a newborn.
touch the shore's silvery sand,
Fill yourself with tranquility, let go of your weirdness, and meet life sometimes.
Be the light of the eyes and flow like the Ganga.
"Seema Kataria" Savi

****

मेरी नियति मुझ में समाई है
शोहरत और गुमनामी मेरी ही कमाई है
कर्मों का अपने बवाल क्यूँ करना
अपने मसले पे जमाने से सवाल क्यूँ करना
फिर भी अपने पापों का बोझ उतारने भीड़ हरिद्वार में आई है
मैली गंगा को कर भूल जाता है ये तो तेरी कमाई है
"सीमा कटारिया" सवि

My own actions will determine my fate.
My earnings are notoriety and obscurity.
How come you are fussing over your karma?
Why question the world about your problem?
Nevertheless, countless people have gathered in Haridwar to relinquish their sins.
This is the earnings that you make from making the Ganga dirty.
"Seema Kataria" Savi

****

दूर चले आये है घर से लौटने में ज़माने लगेंगे
फिर भी स्मृतियों की बूँदे भरीं है सुकून से गाने लगेंगे
मतलब से मिलने आयी है दुनिया मैल और पाप के ठेले लगेंगे
कानपुर में गंगा को देख लगा नेकी करने वाले अकेले मिलेंगे

It will take forever to get back home because we have travelled far.
We'll begin singing peacefully while our memories are still scattered throughout.
There will be carts of filth and sin because the world has come to meet her.
I had the impression that only positive deeds will find a place in Kanpur when I looked at the Ganga.

****

आस्थ में रास्ता प्रयाग का वास्ता
संगम की डुबकी लगाने कुंभ जैसे त्यौहार मनाने
अनगिनत रिश्तों के साथ सभी को पता है अपने करमों का हिसाब
जन्म और भावनायें दूसरों के लिए लाते है
कुछ लिखी कुछ कोरी जीवन की किताब लाते है
"सीमा कटारिया" सवि

Way to Prayag's connection lies in faith
bathing in Sangam and celebrating festivals such as Kumbh
Everyone is aware of their numerous relationships and
every aspect of their actions.
They evoke birth and the emotions in other people
They bring books to life with some written and some
blank pages.
"Seema Kataria" Savi

****

जनवरी की सुस्ताई सुबह चाय संग मुस्कुराई सुबह
कोहरे की चादर ले सूरज आता है मखमली धूप का मौसम
गर्मी में याद आता है सोचती हूँ
गंगा को ये सफ़र कैसे रास आता है
गंदगी और पाप धोने हर शख़्स दौड़ा आता है
अपने हिमालय का आँगन छोड़ गंगा कैसे दौड़ती है
जन कल्याण के लिए अपना सुकून छौड़ती है
"सीमा कटारिया" सवि

January's drab morning brightened by tea.
The sun comes with a blanket of fog, a season of velvety sunshine
I think about Ganga in the summer. How does Ganga like this journey?
Everyone runs to her to clean up their sins and filth.
How does Ganga flow out of her courtyard in the Himalayas?
And forfeits her tranquilly for the good of the mankind
"Seema Kataria" Savi

****

पावन स्मृतियों का सैलाब लिये गंगा कैसे दौड़ती है
बेगानापन की दासता भीड़ भरा रास्ता
बरसों की बातें कर पल में बेगाना बनाते है
मुर्दों सा जीवन को अपनी शान बताते है
जन्म लेना और मर जाना बस इतना जीवन बताना
क्या पटना क्या कोलकत्ता से जाना गंगा को बहते जाना
"सीमा कटारिया" सवि

The Ganga is overflowing with hallowed memories on the cramped route of strangeness's servitude.
Despite years of conversation, we suddenly become strangers.
Like dead people, they consider life their pride.
Life is nothing but being born and dying.
"Seema Kataria" Savi

****

प्रेम में पूर्ण हो जाना
मैं भूल तू हो जाना
कुछ यादों के अनगिनत जंगल उगाना
भूली-बिसरी बिछुड़ी धाराओं की यादों में सुंदर-बन फिर लहराना
सागर में मिलने से पहलें सारी स्मृतियों का लौटाना बीतें सफ़र का हिसाब बताना
सागर होने से पहले गंगा का सुंदर-बन हो जाना
मन द्रवित हो जाता है हक़ीक़त ऐसे दिखलाना
"सीमा कटारिया" सवि

Become complete and immersed in love
Forget me and become you
Wave once more in lovely memories of vanished and divided streams
Recounting the previous excursion and bringing back all the memories before they meet the ocean
Ganga blossoms into a beautiful forest before turning into an ocean.
Heart melts when reality is depicted
"Seema Kataria" Savi

****

Dedication

जीवन हो प्रेम हो
पहला और आख़िरी सूत्र है
गंगा-सागर में गंगा
ये सूत्र दोहराती है
अपना सारा सफ़र सागर को दे जाती है स्मृतियों की गठरी
जन्मों का हिसाब समर्पण है जबाब
वर्तमान को चुनना हक़ीक़त को सुनना

Life and love exist.
The initial and final formula
Ganga in the Sagar Ganga
This formula is repeated.
She gives her entire journey to the ocean and a bundle of memories.
Surrender is the answer to the calculation of births.
choosing to stay in the present moment and pay attention to reality

****

जीवन के सफ़र में सभी मौसम बेशुमार है
फिर भी मुसाफ़िरों को बसंत से प्यार है
जो हो हमसफ़र तो पतझड़ भी अपनाते
गंगा सा सफ़र हो तो शहर के नाले भी समाते है
उम्मीदों की टहनियों पे ही नये पत्ते आते है
हिमालय से गंगा-सागर यूँ ही नहीं मिल जाते है

Life's journey is filled with several seasons.
Travelers nevertheless adore spring.
I would have adopted Autumn too, if I had a close companion.
Even the city's drains can be covered if the journey resembles the Ganga.
Only the branches of hope bear new leaves.
The Himalayas are not where the Ganga meets the ocean in a straight line.

****

जिसे हम जीवन कहते है वो एक प्रेम की गंगा धारा है
ऊपर खुला आसमाँ है मिलों लंबा किनारा है
जाने-अनजाने मोड़ है लंबी सी दौड़ है
हिमालय की मिठास है मंज़िल समंदर खारा है
"सीमा कटारिया" सवि

What we call life is a river of love
There are miles of shoreline and an open sky above.
The race is prolonged and full of intentional and inadvertent turns.
The sea is salty, but the destination is the sweetness of the Himalayas.
"Seema Kataria" Savi

****

हमे जीवन से प्यार है
बहती धराओं से लगाव है
आसमाँ सी आज़ादी है
रिश्तों की हरी-भरी वादी है
हर हाल में चलना है
हर मौसम में ढालना है
जमाने में रहकर भी
ख़ुद की सुनना है
दुनिया से बिछड़कर
ख़ुद से मिलना है
दूसरे शब्दों में कहे
गंगा सा चलना है
"सीमा कटारिया" सवि

We adore life, and we admire the way flows move.
Liberty resembles the sky.
Relationships are like lovely verdant valleys there.
At all costs, we must keep walking and mold ourselves into every season.
Despite the times we live in, we must listen to ourselves.
We must meet ourselves and keep ourselves apart from the outside world.
Stated differently, we must walk like the Ganga.
"Seema Kataria" Savi

****

सदियों पुराने बरगद आस्था के मंदिर गंगा किनारे खड़े है
कितने सैलाब और सूखे के गवाह बने है
कुछ पल के सफ़र में हम क्यों बिखर जाते है
जड़ों से उखड़ जाते है सनातनी होकर भी निर्मूल हो जाते है
"सीमा कटारिया" सवि

On the banks of the Ganga are the centuries-old temples with sacred Banyan trees.
So many floods and droughts have witnessed them
Why do we disintegrate in a matter of seconds?
They are uprooted from their roots and become rootless despite being eternal (Sanatani).
"Seema Kataria" Savi

****

जोड़-तोड़ से दुनिया थामे हो बताओं कहाँ है दिल का ठिकाना
सभी से निबाह रहे हो दिल है या अजायबख़ाना
सभी कुछ सम्भाल रहे हो मुमकिन है सब साथ ले जाना
पतझड़ के पत्ते से गिरें जो गंगा के अलावा कहाँ ठिकाना
"सीमा कटारिया" सवि

Tell me where your heart is going, since you have the power to control the entire universe.
Are you keeping your relationships with all of them intact? Is it a museum or your heart?
Everything is in your control. Is there anything you can't bring with you?
Except for the Ganga, where else could autumn leaves fall?
"Seema Kataria" Savi

****

दुनिया में आये है
कोशिशें है मुट्ठी में जमाना हो
ख़ुद से भी पूछ कभी
तेरी हसरतों से तू ही अंजना हो
टटोलते हो हर चेहरा
आईने वाले शख़्स को पहचाना हो
गंगा नहाए बैठे हो
प्रेम की गंगा से बेगाना हो
जीवन तेरा नहीं है
जब मौत दर पे आई तो माना हो

"सीमा कटारिया" सवि

अक्सर आख़िरी पड़ाव पे हम सब कुछ कहना चाहते है
किताब की पूरी कहानी आख़िरी पन्ने को देना चाहते है
सफ़र के आख़िर में कोई तो पड़ाव होता है
कोई घाट बन पूर्ण होता है कोई तालाब होता है
कोई सूखा नाला दिखता है कोई नदी का बहाव होता है
सफ़र हो गंगा सा तो निश्चित ही गंगा-सागर होता है
"सीमा कटारिया" सवि

We often want to say everything at the last moment.
The intent is to put the whole story on the
last page of the book.
There is a stop at the end of the journey
Some end up as a ghat, some end up as a pond.
Some appear to be a dry drain,
some appear to be a flowing river.
If the journey is like Ganga then it is definitely Ganga-sagar.
"Seema Kataria" Savi

****

विश्राम कितना ज़रूरी है बिना विश्राम ज़िंदगी अधूरी है
पूर्ण वेग से आती पहाड़ों से राह बनाती
झरने बन गुनगुनाती अपनी ऊर्जा से
जीवन विद्युत चमकाती अंतिम पड़ाव पे थोड़ा ठहर जाती है
कितना कुछ कहती गंगा मौन हो जाती है
मिटने से पहले गंगा खामोशी से कहती है
गंगोत्री से बहती गंगा गंगा-सागर होती है
"सीमा कटारिया" सवि

How crucial Slumber is—life is incomplete without it.
She is moving across the mountains at top speed.
Her energy humming like a cascade
She brightens life and stops it at the final destination.
Ganga says a lot but then ceases to speak Ganga speaks softly and then vanishes
Ganga-Sagar is the Ganga that flows out of Gangotri.
"Seema Kataria" Savi

****

अक्सर ऐसा होता है मैं घर के निकलते हुए घबराती हूँ
मन में ख़यालों का बवंडर उठता है
मैं डर जाती हूँ
फिर ख़ुद को समझाती हूँ
जीवन गंगा सा सफ़र है
हर मोड़ पे अनजानी डगर है
हिमालय का पावन आँगन छोड़कर
जीवन की राहों में दौड़कर
समर्पण और प्रेम ओढ़कर
गंगा, गंगा-सागर हो जाती है
तू भी एक नदी सा जीवन चुन प्रेम और समर्पण की डगर बुन
दुनिया की नहीं मन के हौसले की सुन
"सीमा कटारिया" सवि

I often experience uneasiness before leaving the house.
My mind is overtaken with a flurry of ideas, and I get afraid.
Then I give an explanation to myself.
Life is an adventure, much like Ganga
Every turn leads to an unknown path that leaves the Himalayan holy courtyard and travels through life's paths that are paved with love and devotion.
Ganga changes into Ganga-Sagar.
Additionally, you ought to live your life like a river and forge a path of devotion and love.
Listen to your inner bravery instead of what the outside world has to say.
"Seema Kataria" Savi

****

जीवन की फ़ितरत से हैरान है हम
अपनी शिकायतों से परेशान है हम
इंतज़ार का सिलसिला है जीवन भर चला है
हसीन ख़याब है सपनों तले पला है
एक जंगल है जो मेरी ख्वाहिशों से बना है
गंगा सी धारा है लंबा किनारा है
एक हसीन कहानी है
अंत में खारी हो जानी है
एक ग़ज़ल है जिसनें कीचड़ और कमल है
जाने सभी बातों का मौन ही हल है
"सीमा कटारिया" सवि

We find the nature of life surprising.
We find our grievances troubling.
It takes a lifetime for one to learn to wait.
It's an appealing fantasy that has developed beneath dreams.
A forest composed of my desires exists.
This stream resembles the Ganga and has a long bank.
It's a lovely tale.
Ultimately, it's going to taste salty.
There's a ghazal with lotuses and muck.
Recognise that silence is the answer to all problems
"Seema Kataria" Savi

****

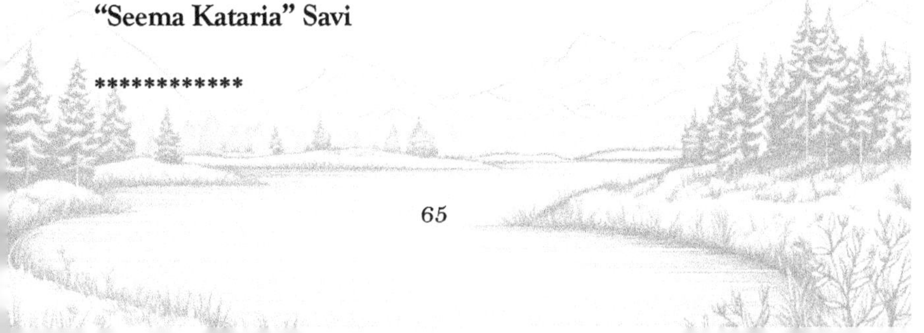

गंगा की माया कौन जान पाया
शुक्र है गंगा रुकी नहीं किसी बंधन में झुकीं नहीं
ठहरना पड़ा जो कुछ पल ज़बरदस्ती चली नहीं
शुक्र है गंगा रुकी नहीं चली वो ऐसे कि कभी थमी नहीं
पावन ऐसी कि किसी ने छुआ नहीं
शुक्र है गंगा रुकी नहीं
सुकून लिये कि कुछ हुआ ही नहीं
जो कुछ पाया सुंदर-बन बनाकर लौटाया
शुक्र है गंगा रुकी नहीं
अपनी व्याथा सुनने किसी बंधन में बंधी नहीं
हक़ीक़त या ख्याब की छाया बहती गंगा को कोई जान नहीं पाया
"सीमा कटारिया" सवि

Who could understand the Ganga's magic?
Thankfully, Ganga kept going and avoided becoming a slave.
She Had to wait, but avoided becoming a slave.
Thankfully, Ganga did not stop; she flowed as if she never stopped.
She is so pure that nobody has ever laid eyes on her
Thank God Ganga did not stop
Relieved that nothing happened
She turned whatever she had discovered into an appealing forest and returned it.
Thank God Ganga did not stop
Not obligated in any way to hear about her suffering
No one could know the flowing Ganga whether she is a shadow of reality or dream.
"Seema Kataria" Savi

****

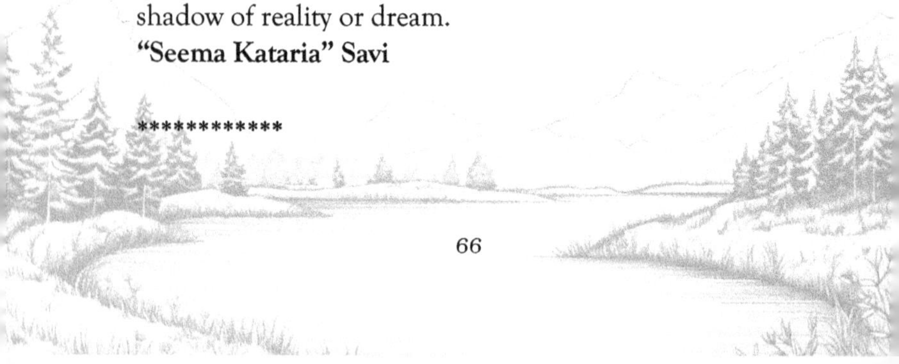

गंगा का किनारा प्रेम की धारा
बारीकी से देख पाते है
खामोशी सुन पाते है
बदलाव भीड़ और एकांत का नज़दीक से चुन पाते
सफ़र जन्म-मरण का ख़ुद में बुन पाते
आईने सी गंगा में चुपके से घुल जाते
जाने क्यों पूछते है क्या करने गंगा संग आते
"सीमा कटारिया" सवि

The bank of Ganga is a torrent of love.
We are able to see closely and can hear the silence
We Change can choose between crowd and solitude
The journey could weave birth and death within itself.
They dissolve silently in the mirror like Ganga.
I don't know why they come to Ganga?
"Seema Kataria" Savi

****

माँ गंगा कभी-कभी इतनी शांत नज़र आती है
कोई हलचल नहीं कोई चहल-पहल नहीं
दुनिया से बेख़बर हो जाती है
कौन दुनिया से आई कौन दुनिया में खो जाती है
फिर अगले क्षण देखों वापिस मिल जाती है
जैसे कुछ हुआ ही नहीं जैसे जल बहा ही नहीं
फिर एक महक सब और लुटाती है
माँ गंगा कभी-कभी शांत सो जाती है
"सीमा कटारिया" सवि

She becomes oblivious to the world.
Who knows which world she comes from and gets lost in?
Then, the next moment, she comes back.
As if nothing had happened, as if water had not flowed.
Then her smell spoils everything else.
Mother Ganga sometimes sleeps peacefully.
Seema Kataria "Savi
Sometimes Mother Ganga appears so serene.
Absence of commotion
She loses her sense of reality.
Who knows which universe she is lost in and which universe she originates from?
Then again she returns the very next second.
Like nothing had occurred, like there had never been any water.
Then her fragrance is spread everywhere.
And Sometimes Mother Ganga slumbers Peacefully.
"Seema Kataria" Savi

****

गंगा तेरा कितने रूप में ढलना
यूँ इठलाकर चलना
बूँद बनकर उछलना
हल्की धुँध के पिछे से निकलना
अनेकों रंगो में ढलना भौर की ताजगी में चलना
दोपहरी की चाँदी में चमकना साँझ ढले बैरागन बनना
ख़ुद से बिछुड़कर ख़ुद को मिलना
गंगा तेरे स्वरूप को मुश्किल है समझना
"सीमा कटारिया" सवि

Ganga, you take many forms.
You walk around flauntingly
You bounce along like a drop.
You emerge into sight. From behind the faint fog.
You wear a variety of hues and stroll in the early morning light.
You shine in the midday silver and turn into a cloud in the evening.
You separate from yourself before you meet yourself.
Ganga, it is difficult to understand your form.
"Seema Kataria" Savi

****

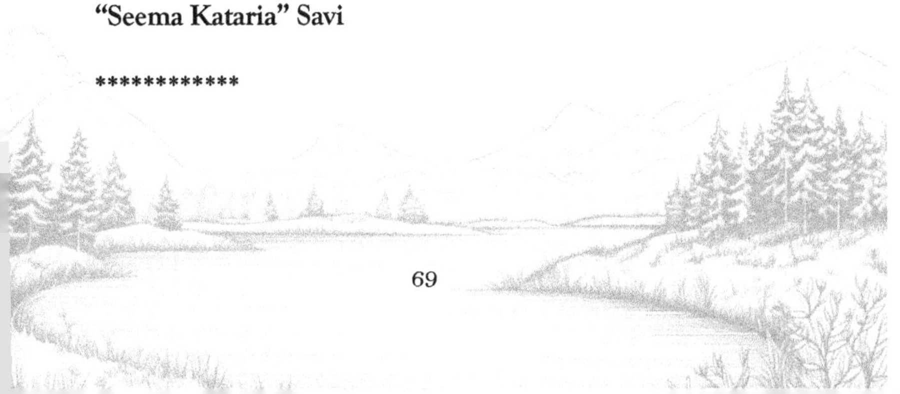

जो कहतें है मंज़िले तस्वीरों के लिये है
काफ़ी है रास्ते जीने के वास्ते
उन्हें कहों जरा गंगा का सफ़र देखे
क्या सफ़र और मंज़िल
हर पल खूबसूरत है
हुनर ये गंगा सा सींखें
"सीमा कटारिया" सवि

Destinations, they say, are for pictures.
There are sufficient choices for living.
Encourage them to watch the Ganga's journey.
What is a destination and a journey?
Every moment is beautiful.
Learn these skills from Ganga.
"Seema Kataria" Savi

****

काश हम भी ज़िद में होते ना ठहरते तो समंदर होते
और हम ठहर गये किसी ने बुलाया ही नहीं
सादगीं हमारी इतनी कि चलने का ख़्याल आया ही नहीं
नदी की तलहटी के पत्थर बनें किनारे पे आया ही नहीं
ना ज़िद आई हमे
समंदर भी मिलनें आया ही नहीं
गंगा बनी नहीं और गंगा- सागर बनाया ही नहीं
"सीमा कटारिया" सवि

If we hadn't stopped, we would have turned into an ocean if we had been stubborn.
We came to a standstill, and nobody called.
Our simplicity was so strong that we never even considered walking.
We become stones at the bottom of the river and never reach the shore.
We were not stubborn.
Even the sea did not come to meet us.
We failed to become Ganga or Ganga-Sagar.
"Seema Kataria" Savi

****

जीवन का बहाव दिल की धड़कन
मन के वेग हृदय के तेज
कुछ सफ़र कुछ ठहराव
लगता है गंगा नाम हैं
दौड़ता सा ख्याब हसरतों का सैलाब
पूरा सुकून ज़िंदगी का जुनून
सभी की होकर भी अकेलीं का सफ़र
लगता है गंगा नाम है
"सीमा कटारिया" सवि

Flow of life and heartbeat
Speed of mind and speed of heart
journeying and pausing
Looks like the name is Ganga
A constant dream, a plethora of wants, total tranquilly, and the passion of life
Despite everyone, it is a lonely voyage
Looks like the name is Ganga
"Seema Kataria" Savi

****

हम बड़े शौक़ से कहतें है ज़िंदगी से बड़ी सज़ा ही नहीं
जुर्म का अभी पता ही नहीं इतना बिखरें है दुनिया निभाने में
अपने लिए कुछ बचा ही नहीं कभी ग़ौर करना सफ़र गंगा का,
कितनी शक्लें बदलती है कितने रूपों में ढलती है
तब कही भागीरथी गंगा-सागर बनती है
हर शक्ल, रूप में गंगा ही मिलती है
"सीमा कटारिया" सवि

We assert with pride that there is
no punishment worse than life.
We are so preoccupied with life's responsibilities that we
fail to recognise the crime at hand.
Nothing remains for ourselves,
regardless of the Ganga's voyage.
How many forms she adopts and how many shapes she transforms,
and then Bhagirathi transforms into Ganga-Sagar.
Ganga is visible in all kinds of forms.
"Seema Kataria" Savi

****

गंगा फिर से तैयार है
दिल के दयार मे
बर्फ बनकर गिर जाने में
नया बुग्याल बनाने में
नयीं सुरते पाने में
वापिस हिमालय जानें में
फिर गंगा हो जाने में।
"सीमा कटारिया" सवि

Ganga is once more prepared to fall in love,
to drop after turning into ice,
to make a new buggyal,
to get new form,
to return to the Himalayas,
and to become Ganga.
"Seema Kataria" Savi

****

वो समझें मुझे
ऐसी समझ और जुड़ाव ना हो सका
समायें मुझ में
ऐसें समझौते और संगम ना हो सका
समंदर सा दिल ना हो सका
आसमा सा हमदम ना हो सका
हिमालय से बेहतर आँगन नहीं मिल सका
गंगा से अनोखा जीवन ना मिल सका
"सीमा कटारिया" सवि

They comprehend me.
Such understanding and connection could not happen.
They become part of me.
Such convergences and accords were not possible.
I couldn't have a heart like the ocean.
I could never measure up to the sky.
I couldn't find a better patio than the Himalayas.
I could never have a life that was as memorable as Ganga's.
Seema Kataria"Savi

****

हे गंगा
बताना कैसा सफ़र रहा
जब मिली सागर से मिलन कैसा रहा
हे गंगा
बताना अब कैसे सपनें आते है
समुद्री जीव प्यारे है
या पहाड़ याद आते है
हे गंगा
बताना कौन से रूप लुभाते है
बर्फ प्यारी लगती है
या बादल तुझे बुलाते है
हे गंगा
बताना हमारे पाप
पुण्य कैसे हो जाते है
तेरी एक डुबकी में
मुक्ति कैसे पाते है
हे गंगा
बतलाना कौन से पत्थर
तलहटी में रह जाते है
सूरज की किरणों से मिलकर भी
तेरी धारा चाँदनी सी शीतल रह जाती है
हे गंगा
बताना
कितना कुछ सहकर भी सारे पापा धोकर भी
तू पुण्य रूपी माँ गंगा ही कहलातीं है ।।
"सीमा कटारिया" सवि

Hey ganga
Tell me how the journey was.
How were you when you met the ocean?
hey ganga
Tell me which dreams come now.
Sea creatures are cute. Or do you miss the mountains?
hey ganga
Tell me which one looks attractive to you.
Snow looks lovely, or the clouds call you
hey ganga
Tell us our sins. How to become virtuous in one dip of yours.
How to attain liberation
hey ganga
Tell me which stones remain in the foothills.
even with the sun's rays.
Your stream remains as cool as moonlight.
hey ganga
Narrate
despite enduring so much even after washing away all sins.
You are called Mother Ganga in the form of virtue.
Seema Kataria "Savi

****

जहाँ से निकलें एक निशानी मिली है
हर मोड़ पे गंगा की नयीं कहानी मिली है
वो कहते है जमाने वाले
हमें खोने वाले की आँखो में हमारी नमी की निशानी मिली है
दूर बहुत दूर आये है घर से तब जाकर ये मिलने की कहानी मिली है
ये बातें गंगा संग रूहानी लगी है
गंगा जहाँ से निकली सभ्यताओं की निशानी मिली है
कैसे कहे बेहिसाब यात्रा है बें हिसाब बहता पानी है
गंगा की बूँद-बूँद में अमृत की रवानी है
"सीमा कटारिया" सवि

saw a sign directing me to leave
Every step reveals a fresh chapter in the Ganga tale.
The people of the time claim that
The person who lost me had tears in their eyes.
I've traveled a great distance from home before discovering this meeting story.
Ganga has made these events divine.
From the banks of the Ganga, civilization remnants have been discovered.
How to express that even though the voyage is uncountable, the stream is still flowing?
Each and every drop of Ganga carries nectar.
Seema Kataria"Savi

****

जीवन का सफ़र है बहते ही जाना है
खामोशी आढ़े हुए करमों में कहते ही जाना है
गाते-मुस्कुराते हुए गंगा से गंगा-सागर हो ही जाना है
"सीमा कटारिया" सवि

Life is a journey, it has to go on.
It is necessary to speak with deeds shrouded in silence.
Ganga has to transform into Ganga-Sagar while grinning and singing.
Seema Kataria "Savi

****

जो आस्था में डूबे है उनकी पूरी कहानी हूँ मैं
तर्क से पूछते है जो उनके लिए बूँद भर पानी हूँ मैं
कहानियों की बड़ी सी किताब हूँ मैं
मौजों की अटूट रवानी हूँ मैं
वक्त का बहता सैलाब हूँ मैं
तेरे भटकते सवालों का जबाब हूँ मैं
बहती हुई गंगा हूँ मैं
देख तेरा आज हूँ मैं
"सीमा कटारिया" सवि

I am the complete story of those who are steeped in faith.
Those who ask logically, I am just a drop of water for them.
I am a vast collection of tales.
I am an endless supply of joy, a never-ending stream of time,
I am the answer to your wandering questions
I am the flowing Ganga
Look, I am your Present
Seema Kataria"Savi

****

जब भरोसा शिव पे हो अगले मोड़ की चिंता नहीं होती है
ज़िंदगी के पन्ने पलटने से कहानी थोड़ी बदलती है
शिव की जटाओं से निकल गंगा रास्ता पूछे बिना ना भटकती है ना अटकती है
हिमालय से निकल सागर में जा मिलती है
"सीमा कटारिया" सवि

When you have faith in Shiva, you don't have to worry about the next turn.
As we turn the pages of life, the story slightly alters.
After arising from Shiva's locks, Ganga never gets lost or stranded without first asking for directions.
She originates from the Himalayas and flows into the ocean
Seema Kataria"Savi

****

धरा सिलवटों से निकल रही है
जीवन दायानी माँ गंगा
प्यासी ज़मी को जीवित करने को सूरज की रोशनी में निखर रही है
श्वेत वर्णी माँ गंगा
वादियों में झरने बन राग बुनने कोमैदानों में लहरातीं फसलों में छा रही है
पोषण रूपी माँ गंगा
शहरों और बस्तियों को पालन करने को अंत में सुंदर-बन विशाल जंगल बना रही है
मिटती -सिमटती माँ गंगा जीवन को ऋण मुक्त करने को जीवन पूर्ण करने को
"सीमा कटारिया" सवि

The soil is emerging from the folds of Mother Ganga, the source of life, and sunlight is beaming down to resuscitate the dry land.
Mother Ganga is white, similar to cascading waterfalls in valleys, creating a melodic mist that cascades across undulating plain crops.
Mother Ganga provides sustenance.
Cities and villages eventually grow to be beautiful, becoming enormous forests.
The shrinking Mother Ganga, to liberate life from debt, to make life complete.

Seema Kataria"Savi

****

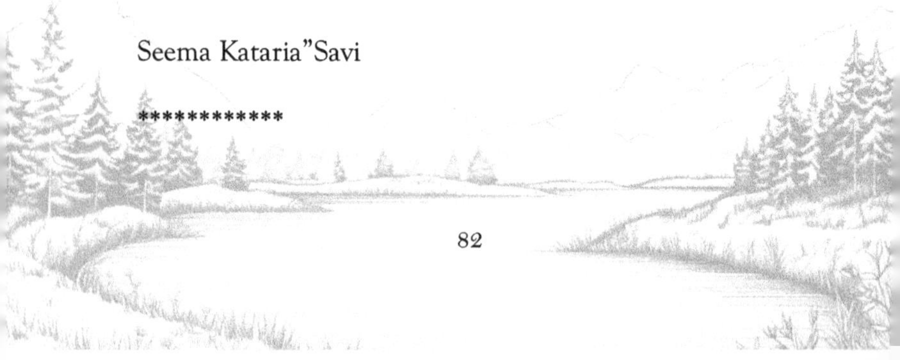

तटस्थ किनारे साक्षी तलहटी के पत्थर
बोलती लहरे कौन जाने गंगा से बेहतर
प्रेम में गाती मन के संवाद सुनाती
कभी शांत खुला आकाश नज़र आती
गंगा बहकर भी मन में ठहर जाती
"सीमा कटारिया" सवि

Neutral shore, witness foothill stones
Who knows the speaking waves better than Ganga?
Sings of love and tells the story of the inner conversation.
Sometimes she is a calm, open sky.
Even after flowing, Ganga stops in the imagination.
Seema Kataria"Savi

****

सफ़र की गंगा रहीं सफ़र में पूर्ण हो गईं
कहाँ-कब मैली या पावन रही कहाँ पतित-पावनी हो गई
जीवन और आस्था की धारा ख़ुद खारे सागर में खो गई
कहानियों और हक़ीक़तों की ज़िंदगी अनंत रहस्य में सो गईं
"सीमा कटारिया" सवि

Ganga's journey became complete during the journey.
Where did she remain impure or pure, and where did she become impure and pure?
The stream of life and faith in herself got lost in the salty sea.
The lives of stories and realities fell asleep in infinite mystery.
Seema Kataria"Savi

****

कुछ पत्थरों को आज भी स्पर्श का इंतज़ार है
वो भी अहिल्या है
सदियों से प्यार में
खामोशी ओढ़ें बैठे है जीवन के व्यवहार में
हवाये छु रही है
चुग़लियाँ के व्यापार में
बहुत से ख़ज़ाने मिले है गंगा के संसार में
बहुत कुछ छुपा है मेरे मन की हार में
"सीमा कटारिया" सवि

Some stones are still waiting to be touched
She is also Ahilya
in love for centuries
Her life conduct is cloaked in quiet
The breeze feels like it touches.
in the realm of rumours
Many treasures have been found in the world of Ganga.
Many things are concealed in the depths of my thoughts.
Seema Kataria"Savi

****

मन का मौसम कितना अजीब है
उसी से शिकायतें है जो इस वक्त क़रीब है
प्यास और प्रेम की दूसरों से उम्मीद है
ख़ुद सफ़र में है गंगा और ठहराव की ज़िद है
"सीमा कटारिया" सवि

The emotional state is really peculiar.
The person who is close at the moment is the target of complaints.
One expects love and thirst from others.
Ganga insists on stopping because she is herself on a journey.
Seema Kataria"Savi

****

बातों की महफ़िलें सजी रहती है
ख़ुद से बात हो, तो चैन आये
भीड़ भरे मेले, जीवन के झमेले
कही ठहरें तो, आराम पाएँ
दौड़ ज़िंदगी की, चली जा रही है
कोई सागर मिलें तो, गंगा बन जाएँ
सफ़र में जन्मों से किए जा रहे है
सागर मिलें तो हम खो जाए
"सीमा कटारिया" सवि

The conversations are impassioned.
If you talk to yourself, you will feel at ease.
Crowded fairs, hassles of life
If you stay somewhere, get some rest.
The race of life is going on.
Any ocean you encounter will transform you into the Ganga.
have travelled for a great number of lives.
If we meet the ocean, we will be lost.
Seema Kataria"Savi

****

अभी गंगा से सफ़र पे है समंदर को बतायेंगे कि
कौन साथ तैरने आये कौन रास्ता बदलें
कौन मिलनें आये
किसने मेरी लहरों में घर बनाये
ये सारे रहस्य हमनें समंदर के लिए छुपायें
"सीमा कटारिया" सवि

I'm currently traveling from Ganga, and when I arrive at the sea, I'll tell the sea who came to swim with me and who turned around.
who made mansions in my waves and who came to greet
I kept all these truths hidden for the sea
Seema Kataria"Savi

****

मुसाफ़िरों की आस्था हूँ नाम अनेक मिलें है
अनेकों रंग के फूल है मुझ में बहते मिलें है
कितने रूपों में ढली हूँ बेरूप पिया सी लगी हूँ
अनजाने रस्तों से चलती हूँ अपने पिया से जा मिलीं हूँ
अनंत सफ़र में ढलीं हूँ उम्मीदों के किनारों में फैली
कभी सँकरी गली हूँ पाप-पुण्य की दुनिया में
व्यक्तित्व की जगह अस्तित्व में मिली हूँ
"सीमा कटारिया" सवि

I am the traveler's faith; I have encountered numerous monikers
I am filled with multicolored flowers.
I seem like a formless girl since I've been shaped into so many different forms.
I've met my beloved and am now traveling down unknown paths
I am immersed in an infinite journey, spread across the shores of hope.
At times, I feel like a tiny route in a universe full of Sins and virtues.
I've discovered existence rather than persona.
"Seema Kataria" Savi

****

www.ingramcontent.com/pod-product-compliance
Lightning Source LLC
LaVergne TN
LVHW061344080526
838199LV00094B/7359
* 9 7 8 9 3 6 7 8 3 8 6 2 4 *